FULL SCORE

WSJ-19-003
<吹奏楽J-POP楽譜>

JN129419

オールドファッション

清水依与吏　作曲
郷間幹男　編曲

楽器編成表		
木管楽器	金管・弦楽器	打楽器・その他
Piccolo	B♭ Trumpet 1	Drums
Flutes 1 (& *2)	B♭ Trumpet 2	Timpani
Oboe	*B♭ Trumpet 3*	Percussion 1
Bassoon	F Horns 1 (& *2)	...Tambourine,Wind Chime
E♭ Clarinet	F Horns 3 (& *4)	Percussion 2
B♭ Clarinet 1	Trombone 1	...Sleigh Bell,Vibraphone
B♭ Clarinet 2	Trombone 2	Percussion 3
B♭ Clarinet 3	*Trombone 3*	...Glockenspiel
Alto Clarinet	Euphonium	
Bass Clarinet	Tuba	
Alto Saxophone 1	Electric Bass	Full Score
Alto Saxophone 2	(String Bass) ※パート譜のみ	
Tenor Saxophone		
Baritone Saxophone		

＊イタリック表記の楽譜はオプション

Winds Score
Spielen Musik.

オールドファッション

清水依与吏 作曲
郷間幹男 編曲

8
A
Picc.
Fl.1,(*2)
*Ob.
*Bsn.
*E♭ Cl.
Cl.1
Cl.2
*Cl.3
*A.Cl.
B.Cl.
A.Sax.1
*A.Sax.2
T.Sax.
B.Sax.
Trp.1
Trp.2
*Trp.3
Hrn.1,(*2)
Hrn.3,(*4)
Trb.1
Trb.2
*Trb.3
Euph.
Tub.
E.B.
Drms.
Timp.
Perc.1
(W.Chime)
Perc.2
(Sl.Bell)
Perc.3
(Glock.)
W.Chime
a2
mp
p

15
B
Picc.
Fl.1,(*2)
*Ob.
*Bsn.
*E♭ Cl.
Cl.1
Cl.2
*Cl.3
*A.Cl.
B.Cl.
A.Sax.1
*A.Sax.2
T.Sax.
B.Sax.
Trp.1
Trp.2
*Trp.3
Hrn.1,(*2)
Hrn.3,(*4)
a2
Trb.1
Trb.2
*Trb.3
Euph.
Tub.
A♭/B♭ A♭ A♭m E♭ G/D Cm E♭/B♭ Fm7 Gm
E.B.
Drms.
Timp.
Tamb.
Perc.1 (Tamb.)
Perc.2 (Sl.Bell)
Perc.3 (Glock.)

C
22
Picc.
Fl.1,(*2)
*Ob.
*Bsn.
*E♭ Cl.
Cl.1
Cl.2
*Cl.3
*A.Cl.
B.Cl.
A.Sax.1
*A.Sax.2
T.Sax.
B.Sax.
Trp.1
Trp.2
*Trp.3
Hrn.1,(*2)
Hrn.3,(*4)
Trb.1
Trb.2
*Trb.3
Euph.
Tub.
E.B.
Fm7(♭5)/A♭
Fm7(♭5)/C♭
F
B♭
D7
Gm
Fm7
B♭9
Drms.
Timp.
Perc.1
(Tamb.)
Perc.2
(Sl.Bell)
Perc.3
(Glock.)

28
D
Picc.
Fl.1,(*2)
*Ob.
*Bsn.
*E♭ Cl.
Cl.1
Cl.2
*Cl.3
*A.Cl.
B.Cl.
A.Sax.1
*A.Sax.2
T.Sax.
B.Sax.
Trp.1
Trp.2
*Trp.3
Hrn.1,(*2)
Hrn.3,(*4)
Trb.1
Trb.2
*Trb.3
Euph.
Tub.
E.B.
Drms.
Timp.
Perc.1 (Tamb.)
Perc.2 (Sl.Bell)
Perc.3 (Glock.)
a2
E♭
B♭/D
C
E♭/F
F
B♭
D7
Gm

35
E
Picc.
Fl.1,(*2)
*Ob.
*Bsn.
*E♭ Cl.
Cl.1
Cl.2
*Cl.3
*A.Cl.
B.Cl.
A.Sax.1
*A.Sax.2
T.Sax.
B.Sax.
Trp.1
Trp.2
*Trp.3
Hrn.1,(*2)
Hrn.3,(*4)
a2
Trb.1
Trb.2
*Trb.3
Euph.
Tub.
E.B.
Fm7
Fm7/B♭
E♭
B♭/D
C
F7sus4
F7
Em7(♭5)
F
Drms.
Timp.
Perc.1
(Tamb.)
Perc.2
(Sl.Bell)
Perc.3
(Glock.)
mf
f

42
F
Picc.
Fl.1,(*2)
Solo
mf
*Ob.
*Bsn.
*E♭ Cl.
Cl.1
mf
mp
Cl.2
*Cl.3
*A.Cl.
B.Cl.
A.Sax.1
*A.Sax.2
T.Sax.
B.Sax.
Trp.1
Trp.2
*Trp.3
Hrn.1,(*2)
Hrn.3,(*4)
Trb.1
Trb.2
*Trb.3
Euph.
Tub.
Dm7 Em7 Fm7 Gsus4 G A♭sus4 A♭
E.B.
Drms.
Timp.
Perc.1 (Tamb.)
W.Chime
Perc.2 (Sl.Bell)
Vib.
motor on
mp con pedale
Perc.3 (Glock.)

49
G
Picc.
Fl.1,(*2)
Solo end
a2
*Ob.
*Bsn.
*E♭ Cl.
Cl.1
Cl.2
*Cl.3
*A.Cl.
B.Cl.
A.Sax.1
*A.Sax.2
T.Sax.
B.Sax.
Trp.1
Trp.2
*Trp.3
Hrn.1,(*2)
Hrn.3,(*4)
Trb.1
Trb.2
*Trb.3
Euph.
Tub.
E.B.
A♭/B♭
Gm
G♭aug
B♭/F
Em7(♭5)
Cm7
C7sus4/F
G7
C
Drms.
Timp.
Perc.1 (Tamb.)
Perc.2 (Vib.)
Perc.3 (Glock.)
senza pedale
Tamb.
Sl.Bell

55
Picc.
Fl.1,(*2)
*Ob.
*Bsn.
*E♭ Cl.
Cl.1
Cl.2
*Cl.3
*A.Cl.
B.Cl.
A.Sax.1
*A.Sax.2
T.Sax.
B.Sax.
Trp.1
Trp.2
*Trp.3
a2
Hrn.1,(*2)
a2
Hrn.3,(*4)
Trb.1
Trb.2
*Trb.3
Euph.
Tub.
E7
Am
Gm7
C9
F
C/E
D
F/G
G7
E.B.
Drms.
Timp.
Perc.1
(Tamb.)
Perc.2
(Sl.Bell)
Perc.3
(Glock.)

※…原曲通りのエンディングにする場合は、この小節の音をフェルマータで伸ばして終わる

WindsScore
Spielen Musik.

ご注文について

ウィンズスコアの商品は全国の楽器店、ならびに書店にてお求めになれますが、店頭でのご購入が困難な場合、当社PC&モバイルサイト・FAX・電話からのご注文で、直接ご購入が可能です。

◎当社PCサイトでのご注文方法

http://www.winds-score.com

上記のURLへアクセスし、WEBショップにてご注文ください。

◎FAXでのご注文方法

FAX.03-6809-0594

24時間、ご注文を承ります。当社サイトよりFAXご注文用紙をダウンロードし、
印刷、ご記入の上ご送信ください。

◎電話でのご注文方法

TEL.0120-713-771

営業時間内にお電話いただければ、電話にてご注文を承ります。

◎モバイルサイトでのご注文方法

右のQRコードを読み取ってアクセスいただくか、
URLを直接ご入力ください。

Percussion 3
Glockenspiel

オールドファッション

清水依与吏 作曲
郷間幹男 編曲

※…原曲通りのエンディングにする場合は、この小節の音をフェルマータで伸ばして終わる

Percussion 2
Sleigh Bell, Vibraphone

WindsScore
Spielen Musik.

オールドファッション

清水依与吏　作曲
郷間幹男　編曲

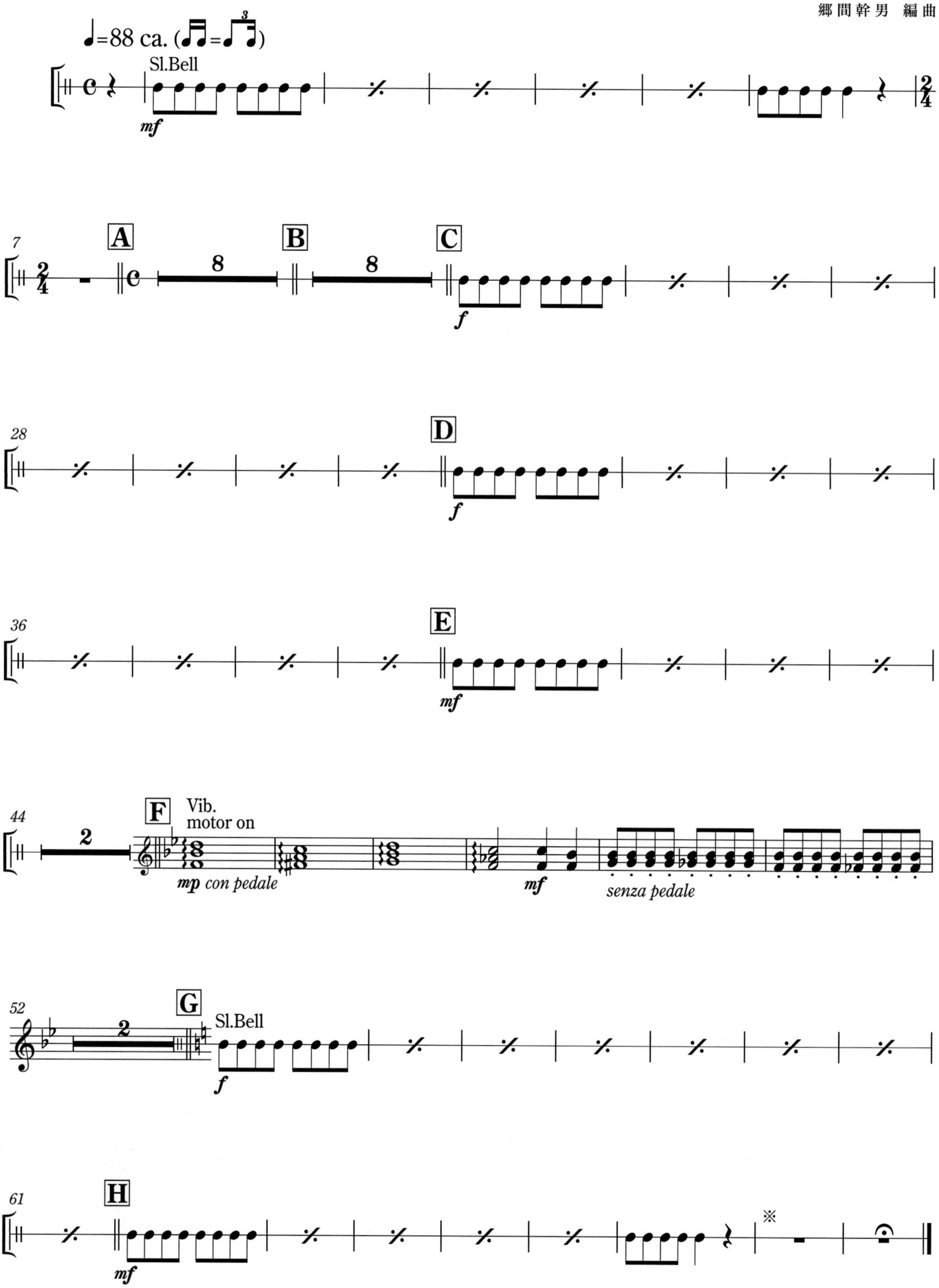

※…原曲通りのエンディングにする場合は、この小節の音をフェルマータで伸ばして終わる

Percussion 1
Tambourine, Wind Chime

オールドファッション

清水依与吏 作曲
郷間幹男 編曲

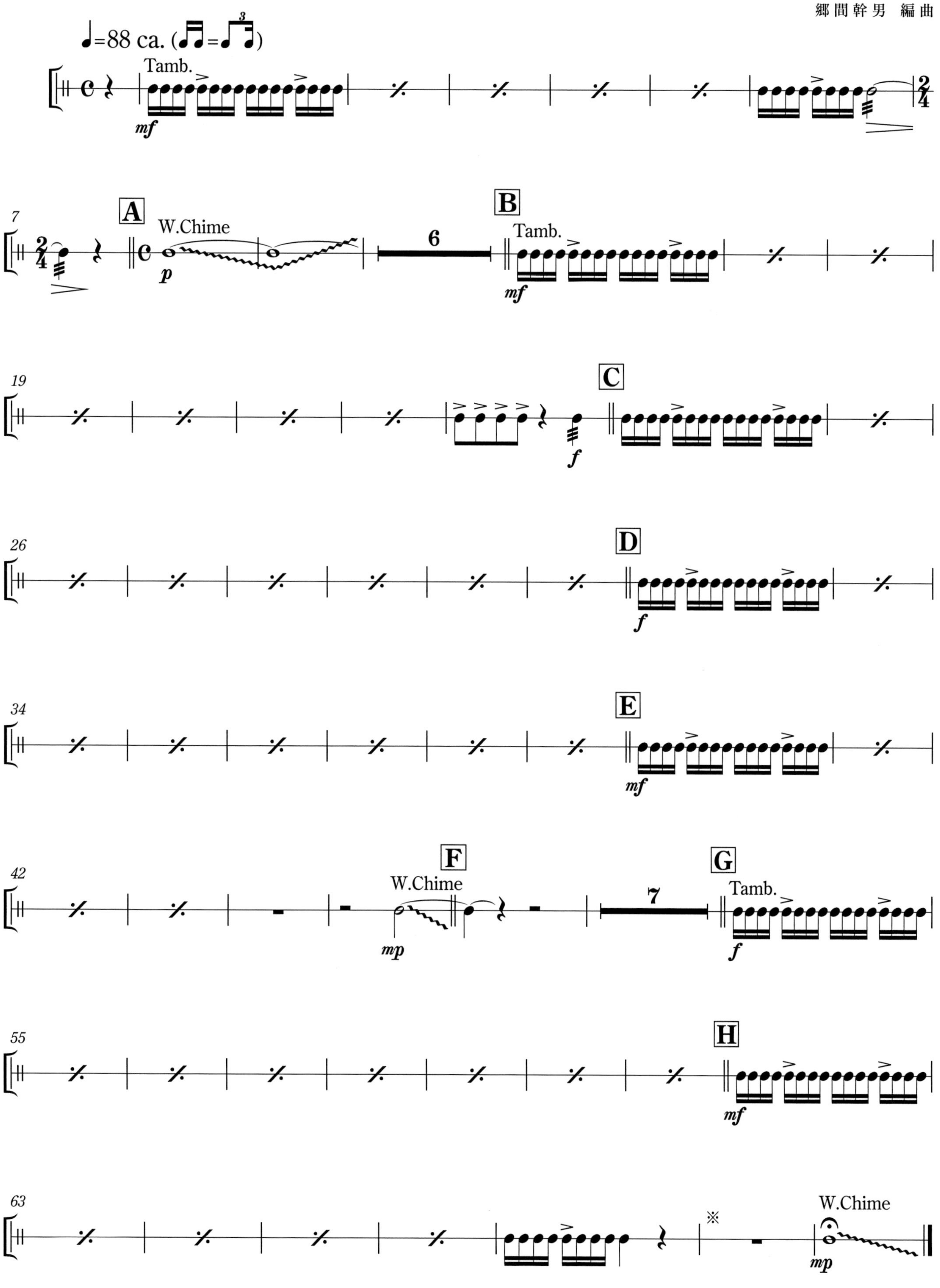

※…原曲通りのエンディングにする場合は、この小節の音をフェルマータで伸ばして終わる

Timpani

オールドファッション

清水依与吏　作曲
郷間幹男　編曲

※…原曲通りのエンディングにする場合は、この小節の音をフェルマータで伸ばして終わる

※…原曲通りのエンディングにする場合は、この小節の音をフェルマータで伸ばして終わる

WindsScore
Spielen Musik.

オールドファッション

清水依与吏 作曲
郷間幹男 編曲

String Bass

オールドファッション

清水依与吏 作曲
郷間幹男 編曲

※…原曲通りのエンディングにする場合は、この小節の音をフェルマータで伸ばして終わる

Electric Bass

WindsScore

オールドファッション

清水依与吏 作曲
郷間幹男 編曲

※…原曲通りのエンディングにする場合は、この小節の音をフェルマータで伸ばして終わる

Tuba

オールドファッション

清水依与吏 作曲
郷間幹男 編曲

※…原曲通りのエンディングにする場合は、この小節の音をフェルマータで伸ばして終わる

Euphonium

オールドファッション

清水依与吏 作曲
郷間幹男 編曲

※…原曲通りのエンディングにする場合は、この小節の音をフェルマータで伸ばして終わる

Trombone 3

オールドファッション

清水依与吏　作曲
郷間幹男　編曲

※…原曲通りのエンディングにする場合は、この小節の音をフェルマータで伸ばして終わる

Trombone 2

オールドファッション

清水依与吏　作曲
郷間幹男　編曲

※…原曲通りのエンディングにする場合は、この小節の音をフェルマータで伸ばして終わる

Trombone 1

WindsScore
Spielen Musik.

オールドファッション

清水依与吏　作曲
郷間幹男　編曲

※…原曲通りのエンディングにする場合は、この小節の音をフェルマータで伸ばして終わる

F Horns 3&4

WindsScore
Spielen Musik.

オールドファッション

清水依与吏　作曲
郷間幹男　編曲

※…原曲通りのエンディングにする場合は、この小節の音をフェルマータで伸ばして終わる

F Horns 1&2

Winds Score

オールドファッション

清水依与吏　作曲
郷間幹男　編曲

※…原曲通りのエンディングにする場合は、この小節の音をフェルマータで伸ばして終わる

WindsScore
Spielen Musik.

オールドファッション

清水依与吏　作曲
郷間幹男　編曲

※…原曲通りのエンディングにする場合は、この小節の音をフェルマータで伸ばして終わる

B♭ Trumpet 2

WindsScore

オールドファッション

清水依与吏　作曲
郷間幹男　編曲

※…原曲通りのエンディングにする場合は、この小節の音をフェルマータで伸ばして終わる

WindsScore
Spielen Musik.

オールドファッション

清水依与吏 作曲
郷間幹男 編曲

※…原曲通りのエンディングにする場合は、この小節の音をフェルマータで伸ばして終わる

Baritone Saxophone

オールドファッション

清水依与吏 作曲
郷間幹男 編曲

※…原曲通りのエンディングにする場合は、この小節の音をフェルマータで伸ばして終わる

Tenor Saxophone

WindsScore
Spielen Musik.

オールドファッション

清水依与吏 作曲
郷間幹男 編曲

※…原曲通りのエンディングにする場合は、この小節の音をフェルマータで伸ばして終わる

Alto Saxophone 2

オールドファッション

清水依与吏 作曲
郷間幹男 編曲

※…原曲通りのエンディングにする場合は、この小節の音をフェルマータで伸ばして終わる

Alto Saxophone 1

WindsScore
Spielen Musik.

オールドファッション

清水依与吏　作曲
郷間幹男　編曲

※…原曲通りのエンディングにする場合は、この小節の音をフェルマータで伸ばして終わる

Bass Clarinet

WindsScore
Spielen Musik.

オールドファッション

清水依与吏 作曲
郷間幹男 編曲

※…原曲通りのエンディングにする場合は、この小節の音をフェルマータで伸ばして終わる

WindsScore
Spielen Musik.

オールドファッション

清水依与吏 作曲
郷間幹男 編曲

※…原曲通りのエンディングにする場合は、この小節の音をフェルマータで伸ばして終わる

B♭ Clarinet 3

WindsScore Spielen Musik.

オールドファッション

清水依与吏 作曲
郷間幹男 編曲

※…原曲通りのエンディングにする場合は、この小節の音をフェルマータで伸ばして終わる

WindsScore
Spielen Musik.

オールドファッション

清水依与吏 作曲
郷間幹男 編曲

※…原曲通りのエンディングにする場合は、この小節の音をフェルマータで伸ばして終わる

B♭ Clarinet 1

WindsScore
Spielen Musik.

オールドファッション

清水依与吏 作曲
郷間幹男 編曲

※…原曲通りのエンディングにする場合は、この小節の音をフェルマータで伸ばして終わる

E♭ Clarinet

オールドファッション

清水依与吏 作曲
郷間幹男 編曲

※…原曲通りのエンディングにする場合は、この小節の音をフェルマータで伸ばして終わる

Bassoon

オールドファッション

清水依与吏 作曲
郷間幹男 編曲

※…原曲通りのエンディングにする場合は、この小節の音をフェルマータで伸ばして終わる

Oboe

WindsScore
Spielen Musik.

オールドファッション

清水依与吏 作曲
郷間幹男 編曲

※…原曲通りのエンディングにする場合は、この小節の音をフェルマータで伸ばして終わる

WindsScore
Spielen Musik.

オールドファッション

清水依与吏 作曲
郷間幹男 編曲

※…原曲通りのエンディングにする場合は、この小節の音をフェルマータで伸ばして終わる

Piccolo

オールドファッション

清水依与吏 作曲
郷間幹男 編曲

※…原曲通りのエンディングにする場合は、この小節の音をフェルマータで伸ばして終わる